Bibliografische Information der Deutschen Nationalbibliothek:

Die Deutsche Bibliothek verzeichnet diese Publikation in der Deutschen Nationalbibliografie; detaillierte bibliografische Daten sind im Internet über http://dnb.d-nb.de/ abrufbar.

Impressum:

Druck und Bindung: Books on Demand GmbH, Norderstedt Germany
ISBN: 978-3-668-15937-2

Dieses Buch bei GRIN:

http://www.grin.com/de/e-book/310221/postmortale-organspende-ein-akt-der-naechstenliebe-oder-ein-verstoss-gegen

Chiara Steffen

Postmortale Organspende. Ein Akt der Nächstenliebe oder ein Verstoß gegen christliche Glaubensvorstellungen?

GRIN Verlag

Karl-Ritter-von-Frisch-Gymnasium Moosburg

Oberstufenjahrgang 2014/2016

SEMINARARBEIT

Rahmenthema des Wissenschaftspropädeutischen Seminars

Warum sich Christen für andere engagieren – theologische Begründung für diakonisches Handeln

Leitfach

Evangelische Religionslehre

Thema der Arbeit:

Postmortale Organspende – Ein Akt der Nächstenliebe oder ein Verstoß gegen christliche Glaubensvorstellungen?

Verfasser/in der Seminararbeit: Chiara Steffen

Seminarbezeichnung: W-Ev21

Abgabetermin: 10. November 2015

Abgegeben am 10. November 2015

Gliederung

1. Vorwort

In der Seminararbeit „Postmortale Organspende – Ein Akt der Nächstenliebe oder ein Verstoß gegen christliche Glaubensvorstellungen?“ wird die Frage behandelt, ob postmortale Organspende speziell im Sinne der christlichen Nächstenliebe ethisch vertretbar oder sogar geboten ist oder ob christliche Ethik insgesamt gegen eine Organspende spricht.
In einem ersten Schritt werden hierzu die erforderlichen juristischen und medizinischen Grundlagen beleuchtet sowie ein kurzer Abriss über Geschichte und Sachstand der Organspende gegeben. Anschließend wird das Konzept des Hirntods aus ethisch-praktischer und christlicher Sicht diskutiert, da dies als wichtige Ausgangslage für die anschließende Diskussion der postmortalen Organspende dient. Im Hauptteil wird dann die postmortale Organspende aus Sicht christlicher Ethik diskutiert und dabei mit Verweis auf entsprechende Bibelstellen Argumente dafür und dagegen erläutert.
Im Fazit wird ein Appell an den Leser gerichtet mit der Aufforderung, für sich selber eine Entscheidung zu finden, um Angehörigen diese schwere Last im Ernstfall abzunehmen.

2. Organspende – Entwicklung und Sachstand

2.1. Historie und heutiger Stand

Die erste erfolgreiche Organtransplantation wurde im Jahr 1954 vollzogen und die erste Herztransplantation im Jahr 1967 durchgeführt. Seitdem hat sich die Technik immer weiter entwickelt, sodass Organtransplantationen nun an rund 50 deutschen Kliniken als routinemäßige Behandlung angesehen werden. Die meisten Organe, beispielsweise Niere, Leber und Herz stellen für die moderne Medizin keine Probleme mehr dar, während die Verpflanzung der Lunge und der Bauchspeicheldrüse sich immer noch in der Entwicklung befindet. Außerdem ist es möglich, einem Organspender Knochen, Gehörknöchelchen und Augenhornhäute zu entnehmen um diese einem Empfänger einzupflanzen.
Obwohl die Erfolgsrate nach Transplantationen sich stetig erhöht und immer mehr Patienten nach den Operationen auch langfristig überleben, bleiben Organempfänger ihr ganzes Leben lang in ihrer Gesundheit eingeschränkt, da sie dauerhafte Immunsuppressionen zur Unterdrückung einer Abstoßung der Organe nehmen müssen.[1]

[1] vgl. Weber, R., Das Leben als Geschenk. Die Organspende als Zeichen der Nächstenliebe?, Ethische und theologische Aspekte der Organtransplantation, Norderstedt 2007, S.2f.

2.2. Arten der Organspende

Generell unterscheidet man zwischen postmortaler Organ- und Gewebespende und Lebendorganspende. Letztere wird vollzogen, solange der Organspender noch am Leben ist und beinhaltet nur Nierentransplantationen und Transplantationen von Teilen der Leber, da jeder andere Eingriff in den Körper des Spenders lebensbedrohlich wäre. Eine Lebendorganspende darf nur zwischen Verwandten, Ehepartnern oder sich nahestehenden Personen vollzogen werden. [2]

Im Gegensatz dazu steht die postmortale Organspende. Hierbei handelt es sich um eine Transplantation nach der ärztlichen Diagnose des Hirntods des Organspenders. Prinzipiell können jegliche Organe sowie Gewebe entnommen und in den Köper des Organempfängers eingepflanzt werden, solange eine Einwilligung des Hirntoten vorliegt. In Deutschland bleiben hierbei sowohl Organspender als auch Organempfänger anonym. [3]

2.3. Transplantationsgesetz

Um Organspende in Deutschland gesetzlich zu regeln, wurde am 1. Dezember 1997 das Transplantationsgesetz verabschiedet. Es legt die Rechte und Verpflichtungen der Beteiligten sowie die Bedingungen für die Verpflanzung der Organe fest: Für eine Organentnahme muss der Spender nach allen vorgegebenen medizinischen Tests für hirntot erklärt sein und es muss eine Zustimmung des Spenders vorliegen. Wenn der Wille des Hirntoten nicht ersichtlich ist, wird auf die „erweiterte Zustimmungslösung“ zurückgegriffen und die engsten Familienangehörigen entscheiden über den Verbleib der Organe des Toten. Für eine Organentnahme darf man sich ab 16 Jahren entscheiden, während eine Ablehnung bereits ab dem 14. Lebensjahr möglich ist.[4]

2.4. Medizinische Definition des Hirntods

Die medizinische Definition des Hirntods ist festgelegt durch die Bundesärztekammer: „Der Hirntod wird definiert als Zustand der irreversiblen erloschenen Gesamtfunktion des Großhirns, des Kleinhirns und des Hirnstamms. Dabei wird durch kontrollierte Beatmung die Herz- und Kreislauffunktion noch künstlich aufrechterhalten.“ [5] [6]

---

[2] vgl. Bundeszentrale für gesundheitliche Aufklärung, Organpate werden, Organ- und Gewebespende, Situation, Information und Regelung, Stand: September 2015, in: https://www.organspende-info.de/sites/all/files/files/Gesamtpräsentation%20Organ-%20und%20Gewebespende.pdf , letzter Zugriff 8.11.2015, 5. Lebendorganspende

[3] vgl. Schäfer, K., Pro und Contra zur Organspende: Informationen zu einem not-wendigen Thema, Karlsruhe 2012, S.19f.

[4] vgl. Weber, Leben als Geschenk, S.6; vgl. dazu ausführlich TPG (Gesetzestext nach: www.dso.de)

[5] vgl. Bundesärztekammer, Deutsches Ärzteblatt 95, Heft 30, Richtlinien zur Feststellung des Hirntodes, Dritte Fortschreibung 1997, in: http://www.bundesaerztekammer.de/fileadmin/user_upload/downloads/Hirntodpdf.pdf , letzter Zugriff am 8.11.2015, S.53

Durch den Ausfall der genannten Hirnteile kommt es zum Aussetzen der Sinne, des Bewusstseins, bewusster und automatisierter Bewegungen, der Reflexe, der Eigenatmung und der Regelung des Pulses und Blutdrucks.[7]

Die Feststellung des Todes ist keinesfalls flexibel und muss von einem Anästhesisten und einem Neurologen oder Neurochirurgen nach verschiedenen vorgeschriebenen medizinischen Tests festgestellt und anschließend unterschrieben werden.[8] Mindestens einer der beiden Ärzte muss eine mehrjährige Erfahrung in der Intensivbehandlung von schweren Hirnschädigungen vorweisen und keiner der zwei Ärzte darf an der tatsächlichen Organübertragung beteiligt sein. Als Todeszeitpunkt gilt der Zeitpunkt nach Erfüllen aller vorgeschriebenen Kriterien der durchgeführten medizinischen Tests und der Bestätigung dieser Kriterien durch beide Ärzte.[9]

2.5. Zuteilung der Organe durch Eurotransplant

Als zentrale Organisation für die Organtransplantation in Deutschland, den Beneluxstaaten, Österreich, Ungarn, Kroatien und Slowenien dient die Stiftung Eurotransplant, welche im Jahr 1967 von Prof. Dr. Jon J. gegründet wurde.[10] Hierbei handelt es sich um eine demokratisch organisierte Serviceorganisation, die sehr eng mit Organspende-Organisationen, Transplantationszentren, Laboratorien und Krankenhäusern zusammenarbeitet. Die internationale Zusammenarbeit bringt dabei viele Vorteile mit sich: Die Erfahrung vieler Experten und Mediziner kann gebündelt werden und durch die längere Warteliste (ca. 16.000 Menschen) kann jedem Organ ein passender Empfänger zugeordnet werden. Außerdem steigen die Chancen für kritische Patienten und spezielle Zielgruppen, wie zum Beispiel Kinder. Bei der Verteilung einzelner Organe werden vier Aspekte berücksichtigt: Die Erfolgschancen, die durch Ärzte festgestellte Dringlichkeit, die Wartezeit und die nationale Organaustauschbilanz. Die spezifische Zuteilung der Organe ist durch ein spezielles Punktesystem geregelt. Der auf der Warteliste am höchsten gelistete Patient wird unverzüglich informiert und nach der

---

[6] vgl. Anhang, Bild 1,2 ; vgl. Bundeszentrale für gesundheitliche Aufklärung, Organpate werden, Organ- und Gewebespende, Situation, Information und Regelung, Stand: September 2015, in: https://www.organspende-info.de/sites/all/files/files/Gesamtpräsentation%20Organ-%20und%20Gewebespende.pdf , letzter Zugriff 8.11.2015, 4. Postmortale Organ- und Gewebespende

[7] vgl. Schäfer, Pro und Contra zur Organspende, S.13f.

[8] vgl. Brust, T., Organspende und –transplantation, Eine Analyse ethischer und christlicher Aspekte, Dillenburg 2013, S.29

[9] vgl. Weber, Leben als Geschenk, S.9; vgl. dazu ausführlich Bundesärztekammer, Deutsches Ärzteblatt 95, Hft 30, Richtlinien zur Feststellung des Hirntodes, 3. Fortschreibung 1997, in: http://www.bundesaerztekammer.de/fileadmin/user_upload/downloads/Hirntodpdf.pdf , letzter Zugriff am 8.11.2015

[10] vgl. Schäfer, Pro und Contra Organspende, S. 15

Annahme des Organs durch den zuständigen Arzt wird die Transplantation vor Ort schnellstmöglich organisiert.[11]

3. Diskussion des Hirntodkriteriums

3.1. Bewertung aus ethisch-praktischer Sicht

3.1.1. Kritiker des Hirntodkriteriums

Es gibt viele Kritiker des medizinischen Hirntodkriteriums. Sie sehen den Tod als einen Prozess und das Erlöschen der Gehirnfunktion nicht als endgültigen Tod, sondern als eine Station des Sterbeprozesses. Belegt wird dieser ethische Ansatz dadurch, dass auch bei hirntoten Menschen noch eine gewisse Herztätigkeit, Kreislaufreaktionen, hormonelle Reaktionen und gewisse Reflexe nachgewiesen werden können. Außerdem kann ein Hirntoter seine Körpertemperatur regeln, Infektionen bekämpfen und sogar ein ungeborenes Kind austragen. Diese Aufrechterhaltung der Vitalfunktionen konnte Prof. D. Alan Shewmon, University of California, Los Angeles, in einigen Tests nachweisen.[12] Des Weiteren stellte er fest, dass 175 für hirntot erklärte Menschen nach Abstellen der Atemgeräte länger überlebt haben als zunächst angenommen; in einem einzigen Fall sogar über einen Zeitraum von 14 Jahren [13] Diese Studie widerlegt einen direkten kausalen und zeitlichen Zusammenhang zwischen Hirntod und Tod.

Prof. Dr. Franco Rest, wissenschaftlicher Direktor der Dietrich Oppenberg Akademie für hospizliche Bildung und Kultur in Essen-Steele, geht noch einen Schritt weiter und behauptet: „Den Hirntod gibt es überhaupt nicht. Er ist eine Erfindung der Transplantationsmedizin.“ [14] Auch andere Kritiker argumentieren, dass das Konzept des Hirntods von Medizinern nur erfunden wurde, um Organe von noch lebenden Menschen entnehmen zu können, ohne dabei in juristische Schwierigkeiten zu geraten. Und auch der Bioethikrat der USA diskutiert, ob die Erlaubnis zu Organentnahmen als „justified killing“ (gerechtfertigtes Töten) bezeichnet werden soll.

Wenn man nun davon ausgeht, dass ein hirntoter Mensch sich lediglich im Prozess des Sterbens befindet, muss eine Organentnahme als ein Tötungsakt angesehen werden. [15]

---

[11] vgl. Eurotransplant, Über Eurotransplant, in: https://www.eurotransplant.org/cms/index.php?page=pat_austria, letzter Zugriff am 8.11.2015

[12] vgl. Brust, Organspende, S.23f.

[13] vgl. Brust, Organspende, S. 32; vgl. dazu ausführlich Fachzeitschrift Neurology, 1998

[14] Ebd., S. 26; vgl. dazu ausführlich Die Wurzel Nr. 3, 2012, S.36

[15] vgl. Brust, Organspende, S.25ff.

3.1.2. Lockerung des Hirntodkriteriums

Trotz der oft geäußerten Kritik kommt es nicht zu einer Verschärfung, sondern zu einer weiteren Lockerung des Hirntodkriteriums. In den USA gibt es Diskussionen über das Konzept des Teilhirntodes, beispielweise nur den des Hirnstammes, was in England bereits anerkannt ist. Während ein Hirntoter laut einer Harvard Studie von 1968 zu keiner Spontanbewegung in der Lage sein durfte, darf heute eine Frau zu 14 und ein Mann zu 17 Spontanbewegungen als Reaktion auf medizinische Tests fähig sein. Beispiele für diese Spontanbewegungen sind Beugebewegungen der gesamten unteren Extremitäten, Wälzbewegungen des Oberkörpers oder Spreizen der Finger. Sie kommen zustande, da das Rückenmark nach Ausfall des Gehirns dessen Funktionen übernimmt und führen dazu, dass „Tote" auf dem Operationstisch festgeschnallt werden müssen. Kritiker fürchten sich vor diesen Lockerungen und sehen sie als schon lange nicht mehr ethisch vertretbar an.[16]

3.1.3. Der Hirntod als Voraussetzung der Transplantationsmedizin

Ohne Einsatz moderner Medizin führt der Hirntod unweigerlich zum Tod. Durch Ausfall des Hirnstamms tritt aufgrund des ausbleibenden Atemimpulses nach einigen Minuten der Herztod ein, was eine spätere Transplantation der Organe unmöglich macht [17] Die medizinische Definition des Hirntods ist damit eine juristische Grundvoraussetzung für die postmortale Transplantationsmedizin.

Allerdings sieht ein für hirntot erklärter Mensch, der von technischen Geräten am Leben gehalten wird, tatsächlich sehr lebendig aus: Sein Herz schlägt, seine Haut ist warm und er reagiert auf einige externe Einflüsse. Das führt dazu, dass besonders die Angehörigen des Patienten den Hirntoten als einen lebendigen Menschen ansehen und selbst Pflegepersonal sich durch subjektive Wahrnehmungen täuschen und verunsichern lässt.[18]

3.2. Bewertung aus christlicher Sicht

3.2.1. Biblische Ansätze zu Leben und Tod

In der Bibel gibt es verschiedene Ansätze zu Leben und Tod, die zur Bewertung des Hirntodkriteriums relevant sind: Leben ist verbunden mit Atmung, Blut und der Einheit von Körper und Seele. Das Ende der Atmung wird mit dem Ende des Lebens gleichgesetzt. Dies wird in Bibelstellen deutlich, wie „und seine Krankheit wurde so schwer, daß kein Odem mehr in ihm blieb" (1.Kön 17,17).[19]

---

[16] vgl. Brust, Organspende, S.28,30f.
[17] vgl. Schäfer, Pro und Contra Organspende, S.14f.
[18] vgl. Weber, das Leben als Geschenk, S.10
[19] Die Bibel, Lutherbibel, Antiqua-Taschenbibel, Württembergische Bibelanstalt Stuttgart, 1972, Altes Testament, S. 411

Auch der Ansatz „Leben ist im Blut“ ist im Alten Testament vertreten. Im dritten Buch Mose steht: „Denn des Leibes Leben ist im Blut“ (Lev 17,11).[20] Mit dem Blut als Sitz des Lebens trägt der Mensch Leben in sich, solange sich Blut in seinem Körper befindet.

Die „Trennung von Körper und Geist“ kann nach Platon (428-348 v.C.) als weiterer Todeszeitpunkt angesehen werden. Dies basiert auf dem Gedanken, dass der Mensch eine Einheit von Körper, Geist und Seele darstellt. Papst Benedikt XVI. war gleicher Ansicht. Er sagte in seiner Rede auf dem Internationalen Kongress für Organverpflanzungen, „dass der Tod eines Menschen ein einzigartiges Ereignis ist, das in der vollkommenen Auflösung dieser Einheit und dieser integrierten Grenzen besteht, die das personale Selbst ausmacht. Es resultiert aus der Trennung des geistigen Lebensprinzips (oder Seele) von der leiblichen Wirklichkeit der Person.“[21]

3.2.2. Bewertung der biblischen Ansätze

Durch diese verschiedenen biblischen Ansätze ist es schwer zu definieren, ab wann ein Mensch als tot gilt. In Bezug auf das Hirntodkriterium macht dies große Unterschiede aus.

Da das Herz eines Hirntoten noch Blut durch seinen Körper pumpt und noch Atmung stattfindet, spricht das gegen eine Akzeptanz des Hirntodkriteriums aus christlicher Sicht. Dies würde bedeuten, dass es sich bei einem Hirntoten um einen lebendigen Menschen handelt und eine Organentnahme als Tötung angesehen werden muss, was wiederum gegen das fünfte Gebot „Du sollst nicht töten“[22] verstößt. Allerdings ist gegen diese Schlussfolgerung auf das Hirntodkonzept einzuwenden, dass das Herz und die Atmung nur aufgrund der Geräte funktionieren.

Basiert die Bewertung auf dem Argument der Einheit von Körper, Geist und Seele, ist es relevant, wann die Seele den Körper verlässt. Da man die Existenz einer Seele nicht nachweisen kann, lassen sich hierzu lediglich Vermutungen anstellen. Eine Theorie ist eng damit verbunden, dass sich der Mensch durch seine Seele und seinen Verstand von anderen Lebewesen der Schöpfung unterscheidet, was ihn als Ebenbild Gottes auszeichnet. Das kann bedeuten, dass die Seele in engem Zusammenhang mit dem Verstand steht. Da bei einem Hirntoten die Gehirnfunktionen und somit der Verstand des Menschen aussetzen, kann man annehmen, dass dadurch auch die Seele den Körper verlässt. Ist dies der Fall, dann befindet sich die Seele des Menschen zum Zeitpunkt einer Organspende nicht mehr im Körper. Wenn

---

[20] Die Bibel, Lutherbibel, Altes Testament, S.144
[21] vgl. Schäfer, Pro und Contra Organspende, S.27ff.
[22] Die Bibel, Lutherbibel, Altes Testament, S. 97

man, wie oben beschrieben, davon ausgeht, dass der Tod die Trennung des Körpers von Geist und Seele ist, könnte das Hirntodkriterium dadurch aus christlicher Sicht akzeptiert werden.[23] Allerdings ist diese Kopplung von Verstand und Seele nicht nachgewiesen und Berichte, dass Erinnerungen, Vorlieben und andere Persönlichkeitsmerkmale vom Spender auf den Empfänger übergehen können[24], legen den Schluss nahe, dass sich die Seele zum Zeitpunkt des Hirntods noch im Körper befindet. Sollte es der Fall sein, dass die Einheit aus Körper, Geist und Seele damit noch nicht zerbrochen ist, kann das Hirntodkriterium aus christlicher Sicht nicht akzeptiert werden.

4. Diskussion der postmortalen Organspende aus christlicher Sicht

4.1. Stellungnahme der christlichen Kirchen

Zunächst waren die christlichen Kirchen bezüglich der Organspende negativ gestimmt, da eine Organentnahme der körperlichen Unversehrtheit zu widersprechen schien. Karl Kardinal Lehmann betonte hierzu in einer Vorlesung das „Totalitätsprinzip“, wonach jeder Eingriff in den menschlichen Körper die anatomische und physiologische Vollständigkeit verletzt oder sogar zerstört. Allerdings war ein solcher Eingriff erlaubt, wenn durch ihn das Leben des Menschen, an dem der Eingriff vorgenommen wurde, gerettet wurde. Lehmann erwähnte trotzdem die Aussage von Papst Pius XII von 1944, welche besagt, dass es aus kirchlicher Sicht keine Einwände gegen eine Organtransplantation unter bestimmten Bedingungen gibt, da der Mensch, zwar begrenzt, das Recht hat, über seine eigenen Organe zu bestimmen. Es muss spezielle Zustimmungsregelungen geben, vernünftig mit Angehörigen umgegangen werden und die Bevölkerung soll ausreichend über dieses Thema informiert werden. Auch heute noch werden seine Aussagen oft als Leitfaden für die modernen christlichen Kirchen angesehen.[25]

1990 wurden Organtransplantationen durch die Katholische Deutsche Bischofskonferenz und den Rat der Evangelischen Kirche aufgrund des Gebotes der Nächstenliebe akzeptiert. 1994 erklärte Landesbischof Dr. Klaus Engelhardt die Organspende jedoch nicht zur Pflicht eines jeden Christen. Die Kirche betont somit, dass Organspende auf der einen Seite ethisch verantwortbar sein kann, da sie das Leben eines anderen Menschen retten kann und somit im Sinne der Nächstenliebe ist. Außerdem hänge die Auferstehung nicht von der Unversehrtheit

---

[23] vgl. Schäfer, Pro und Contra Organspende, S. 45ff.

[24] vgl. Potzel, D., Zeitschrift "Der Theologe", Ausgabe Nr. 17: Organtransplantation - Die verschwiegenen Leiden von Organspender und Organempfänger, Wertheim 2005, in: http://www.theologe.de/theologe17.htm, erweiterte Fassung vom 3.11.2015, letzter Zugriff am 8.11.2015, Kapitel 2.7

[25] vgl. Weber, Das Leben als Geschenk, S.13f.

des Leichnams ab, sondern von dem Glauben des Verstorbenen an die Auferstehung durch Gott. Auf der anderen Seite betont die christliche Kirche, dass die Organspende nicht als Pflicht angesehen werden kann und sich Nächstenliebe nicht konkret festlegen lässt.[26]

4.2. Postmortale Organspende – Ein Akt der Nächstenliebe

4.2.1. Nächstenliebe

Das Doppelgebot der Liebe am Beispiel Jesu

„Ohne Taten bliebe das Wort leer, ohne Worte wären die Taten stumm." Dies ist eine einfache Regel, nach der Jesus sein ganzes Leben auf Erden handelte. Das gesamte Evangelium berichtet von Geschichten, in denen er Kranke heilt, Hungrige speist und Außenseiter unterstützt. Dies zeigt auf, dass Jesu Verkündigungen von der richtigen Lebensweise Hand in Hand gingen mit seinem Handeln. Es sind gerade seine Taten, die seine Größe, Herrschaft, ja gar Herrlichkeit aufzeigen und ihn damit zum Herrn über das Böse und zu einem Anwalt der Liebe machen. Doch nicht nur seine Taten zeigen den Dienst Jesu, sondern insbesondere an seinem Leiden, seinem Tod am Kreuz und seiner Auferstehung wird sein Dienst und seine Solidarität mit den Leidenden allen Menschen offenbart. Denn durch seinen Tod hat Jesus von Sünden befreit und sich zum Diener aller gemacht, die in Not sind.

Jesus hat somit nach einem sehr wichtigen Gebot des christlichen Glaubens gehandelt: Dem Doppelgebot der Liebe: **„Du sollst, deinen Herrn, lieben von ganzem Herzen, von ganzer Seele, von allen Kräften und von ganzem Gemüte, und deinen Nächsten wie dich selbst" (Lk. 10,27).**[27] Dieses Gebot beinhaltet drei Aufforderungen: Man soll den einen Gott, seinen Nächsten und sich selber lieben.

Genau hier zeigt sich der Gesamtzusammenhang: Jesu Dienste basierten alle auf der Liebe und Barmherzigkeit Gottes und durch seine Hilfeleistungen auf Erden hat er seine Liebe zu den Mitmenschen gezeigt. Ein jeder soll Jesu Beispiel folgen und damit Gott, seinen Nächsten und sich selber von ganzem Herzen lieben. Dies beinhaltet sowohl die Verkündung der Gottesherrschaft als auch das Leisten praktischer Hilfe. [28] Gottesliebe ohne Nächstenliebe gilt als Heuchelei und Nächstenliebe ohne Gottesliebe ist langfristig wertlos. [29]

Wer ist mein Nächster?

Zunächst war es für Juden üblich, das Gesetz nur bei anderen gesetzestreuen Juden anzuwenden. Doch im Neuen Testament wird das Gebot erweitert und Jesus nimmt den

---

[26] vgl. Brust, Organspende, S. 45ff.
[27] Die Bibel, Lutherbibel, Neues Testament, S.89
[28] vgl. Hanisch, H., Schule und Diakonie – Orte sozialen Lernens, Dimensionen diakonischen Lernens, in: http://www.diakonie.de/media/DD-2000-03.pdf , letzter Zugriff am 8.11.2015, S. 11ff.
[29] vgl. Anton, N., Das Gleichnis vom barmherzigen Samariter (LK 10, 25-37) als Veranschaulichung und Konkretition der Nächstenliebe, Norderstedt 2008, S.16f.

Menschen das Recht, eigene Grenzen für das Gebot der Nächstenliebe zu setzen, da Gott alle Menschen unabhängig von Religion und Kultur uneingeschränkt liebt. Es soll keine klare Linie gezogen werden, vielmehr soll eine zweiseitige Beziehung zwischen einem Hilfsbedürftigen und einem Helfenden entstehen. Es geht beim Gebot der Nächstenliebe somit nicht nur darum, seinem Nächsten aus Liebe und Mitleid zu helfen, sondern durch das Helfen zum Nächsten zu werden.[30] Selbst Jesus und Gott haben sich mit den Geringsten identifiziert und somit das Doppelgebot der Liebe unterstrichen: Die Liebe zu Gott und dem Nächsten fallen dadurch zusammen.[31]

Weiterführen der Dienste Jesu

Das Doppelgebot gibt bereits eine klare Linie vor, nach der gehandelt werden soll: Der Dienst Jesu soll nicht alleine auf ihn beschränkt sein, sondern von seinen Nachfolgern weitergeführt werden. Markus schreibt in seinem Evangelium: „Und er setzte sich und rief die Zwölf und sprach zu ihnen: So jemand will der Erste sein, der soll der Letzte sein von allen und aller Diener" (Mk. 9,35).[32] Er fordert damit seine Jünger auf, Jesu gleich zu tun und ihre eigenen Bedürfnisse hinter die aller anderen zu stellen. Doch nicht nur Jesu Jünger, sondern alle Christen sollen seinem Beispiel folgen und anderen Menschen selbstlose Dienste erweisen und damit im Sinne der Nächstenliebe das Doppelgebot der Liebe erfüllen.[33]

Organspende als ein Akt der Nächstenliebe

Das Doppelgebot der Liebe kann auf viele Aspekte der Gegenwart bezogen werden. Organspende ist eine gute Möglichkeit, es auch über den Tod hinaus zu erfüllen. Denn durch die Übergabe der eigenen Organe an einen fremden Menschen zeigt man seine Liebe und es entsteht eine zweiseitige Beziehung zwischen einem Hilfsbedürftigen und einem Helfenden. Es ist also ein Akt der Nächstenliebe, einer Organentnahme im Falle des eigenen Hirntods zuzustimmen, um dadurch Leben zu verbessern oder zu retten. Manche Christen gehen noch einen Schritt weiter und sehen Organspende nicht als nur ethisch vertretbar im Sinne der Nächstenliebe, sondern als Pflicht eines jeden Christen, da man zu jeder Zeit situations-unabhängig helfen soll, wenn man die Möglichkeit dazu hat: „Wer nun weiß, Gutes zu tun, und tut es nicht, dem ist es Sünde" (Jak. 4,17).[34] [35]

---

[30] vgl. Anton, das Gleichnis vom barmherzigen Samariter, S.17f.
[31] vgl. Hanisch, Schule und Diakonie, in: http://www.diakonie.de/media/DD-2000-03.pdf , letzter Zugriff am 8.11.2015, S.12
[32] Die Bibel, Lutherbibel, Neues Testament, S.58
[33] vgl. Hanisch, Schule und Diakonie, in: http://www.diakonie.de/media/DD-2000-03.pdf , letzter Zugriff am 8.11.2015, S.12
[34] Die Bibel, Lutherbibel, Neues Testament, S.296
[35] vgl. Brust, Organspende, S.49

4.2.2. Erfahrungen von Susanne Krahe – Erfüllung des Doppelgebots der Liebe

Durch die lebensrettende Organspende entsteht häufig eine große Dankbarkeit auf Seiten des Empfängers, wodurch die Beziehung zu Gott und Religion oft sehr gefestigt wird.[36] Durch die Liebe, die der Spender dem Empfänger entgegenbrachte, hat dieser die Liebe des Empfängers zu Gott gefestigt. Dadurch sind beide Teile des Doppelgebots erfüllt.

Die Theologin Susanne Krahe lebt seit über 20 Jahren mit zwei Spenderorganen und schätzt ihre zweite Lebenschance noch immer sehr. In einem Briefwechsel mit Eberhard Fincke berichtet sie von ihren eigenen Erfahrungen mit dem Thema Organspende. Vor ihrer Transplantation war sie eine Dialyse-Patientin, empfand den Gang zur Dialyse aber als sehr schlimm und künstlich. Nach dem Organempfang berichtet sie von einer neu erworbenen Lebensfreude. Die neuen Organe waren für sie zwar fremd, aber natürlich: Sie repräsentieren für sie eine andere Person, die ihr „zum Allernächsten der Nächsten" geworden ist, zu einem Partner und Freund, der ein eigenes Leben in ihrem Körper führt und mit dem sie Kompromisse finden muss.[37] Auch in Bezug auf Religion hat das Spenderorgan ihr zu mehr Klarheit verholfen. Als Theologin lernte und predigte sie, die von Gott gegebene Zeit zu akzeptieren. Doch als für Susanne Krahe der Tod nicht mehr weit war, konnte sie dies nicht einfach akzeptieren. Da auch ihr Körper sich mit allen Mitteln gegen das frühe Sterben zu wehren schien, entschied sie sich, ihre Zeit auf Erden durch ein Spenderorgan zu verlängern. Jetzt kann sie akzeptieren, dass auch für sie die Zeit zum Sterben kommen wird; auch weil sie durch die Organe eines Toten den Tod immer in sich trägt.[38] Die erfolgreiche Organtransplantation war somit ganz im Sinne des Doppelgebots der Liebe, da sie durch eine Organspende als Akt der Nächstenliebe noch mehr zu Gott und sich selbst gefunden hat, wodurch alle drei Aspekte des Gebots erfüllt sind.

4.2.3. Ärzte in der Bibel

Es gibt viele Argumente dafür, dass der Mensch keine freie Verfügungsgewalt über seinen Körper hat. Trotzdem werden dem Arzt in der Bibel heilende Kräfte und Weisheit zugeschrieben und Gott befähigt ihn, Gottes Schöpfung zu bewahren, zu heilen und zu erhalten: „Doch auch dem Arzt gewähre Zutritt! Er soll nicht fernbleiben; denn auch er ist notwendig. Zu gegebener Zeit liegt in seiner Hand der Erfolg; denn auch er betet zu Gott, er möge ihm die Untersuchungen gelingen lassen und die Heilung zur Erhaltung des Lebens." (Sir 38, 12-14) Und auch an anderen Stellen des Buches Jesus Sirach heißt es: „Durch Mittel

---

[36] vgl. Brust, Organspende, S.49
[37] vgl. Fincke, E. /Krahe, S., Organspende – ein Akt der Nächstenliebe?, Pro und Contra Transplantationsmedizin, Oberursel 2013, S.15ff
[38] vgl. Fincke /Krahe, Organspende – ein Akt der Nächstenliebe, S.43ff.

beruhigt der Arzt den Schmerz, ebenso bereitet der Salbenmischer die Arznei, damit Gottes Werke nicht aufhören und die Hilfe nicht von der Erde verschwindet.“ (Sir 38, 7-8) und „Ehre den Arzt mit gebührender Verehrung, damit du ihn hast, wenn du ihn brauchst; denn der Herr hat ihn geschaffen, und die Heilung kommt von dem Höchsten, und Könige ehren ihn mit Geschenken.“ (Sir 38,1-2)[39] Heutzutage ist es Ärzten möglich, Organe zu transplantieren und damit die Lebensbedingungen des Empfängers enorm zu verbessern und Leben zu retten. Nach diesen Auszügen aus der Bibel ist genau das die Aufgabe der Ärzte. Sie sind von Gott dazu befähigt, mithilfe ihrer Weisheit „den Schmerz zu beruhigen“ und das „Leben zu erhalten“.

4.2.4. Erretten von Leben als erste Priorität

Im Kapitel 14 des Lukasevangeliums[40] wird erzählt, wie Jesus am Sabbat zu einem Pharisäer zum Essen kommt. Er erblickt vor ihm einen Mann, der an Wassersucht leidet und fragt daraufhin die Gesetzeslehrer und Pharisäer, ob es am Sabbat erlaubt sei zu heilen. Sie schweigen daraufhin und er berührt den Mann, heilt ihn und lässt ihn gehen. Danach fragt er die Anwesenden, wer von ihnen seinen Sohn oder Ochsen nicht am Sabbat aus dem Brunnen ziehen würde. Niemand kann ihm diese Frage beantworten. Jesus missachtete das Sabbatgebot um Leben zu retten. Auch mit einer Organspende ist es möglich das Leben von Anderen zu retten. Um dies zu verwirklichen, dürfen auch andere Gebote missachtet werden, da das Erretten von einem Leben immer Priorität hat.[41]

4.3. Postmortale Organspende als ein Verstoß gegen christliche Glaubensvorstellungen

4.3.1. Die Ebenbildlichkeit des Menschen

Durch die Eigenschaft ein Ebenbild Gottes zu sein unterscheidet sich der Mensch erheblich von den Tieren. Dies wird dadurch deutlich, dass Gott die Menschen direkt anspricht und sie über die übrige Schöpfung herrschen und diese bewahren sollen (Gen. 1,28).[42] Letztendlich gründet sich die Identität des Menschen auf die Zuwendung Gottes. Helmut Thielcke spricht von der „fremden Würde“ des Menschen. Diese Würde ist unantastbar und beschreibt die Ebenbildlichkeit Gottes, denn der Mensch erhält seine Würde nicht durch seine Eigenschaften, sondern dadurch, dass er von Gott geschaffen wurde und Christus für ihn starb. Da diese „fremde Würde“ so unendlich ist, ist sie zu schützen, auch bei den

---

[39] vgl. Schäfer, Pro und Contra Organspende, S.133
[40] Die Bibel, Lutherbibel, Neues Testament, S. 96
[41] vgl. Schäfer, Pro und Contra Organspende, S.134
[42] Die Bibel, Lutherbibel, Altes Testament, S. 16

schwächsten Menschen, zum Beispiel einem hirntoten Menschen. Dies würde einer Organentnahme stark widersprechen.[43]

4.3.2. Die Einheit von Körper und Seele

Laut christlicher Anthropologie kann die Seele des Menschen nicht von seinem Körper getrennt werden. Für Christen ist der Körper keine bedeutungslose Hülle, sondern eine leib-geistige-seelische Einheit (Ps. 107,9).[44] Dies zeigt, dass es nicht egal ist, was nach dem Tod mit dem Körper passiert. Bei einer Organtransplantation befindet sich die Seele des Menschen möglicherweise noch in den einzelnen Organen. Dies führt wieder zu der bereits erwähnten Ablehnung des Hirntodkriteriums, denn wie kann ein Mensch tot sein, wenn sich seine Seele noch immer im Körper befindet? [45]

„Oder wisset ihr nicht, **daß euer Leib ein Tempel des heiligen Geistes ist**, der in euch ist, welchen ihr habt von Gott, und seid nicht euer eigen? Denn ihr seid teuer erkauft; darum so preiset Gott an eurem Leibe." (1. Kor. 6, 19,20).[46] Dies zeigt sehr deutlich, dass der Leib eines Menschen keine wertlose Hülle ist, sondern etwas sehr Heiliges: Der Tempel des Heiligen Geistes.

Beim Thema Medizin und Organspende entscheiden also wir Menschen unseren so heiligen, von Gott gegebenen Körper für eine Organentnahme dauerhaft zu zerstören.

4.3.3. Weitere Gültigkeit anderer Gebote

Ein weiterer zu bedenkender Aspekt ist, dass durch das Gebot der Nächstenliebe nicht automatisch alle anderen Gebote außer Kraft gesetzt werden. Denn wenn man zurückgreift auf die oben beschriebene Hirntodproblematik und die Auffassung, dass der Hirntod nur eine Vorverlegung des Todeszeitpunktes ist, verstößt man durch eine Organentnahme gegen das 5. Gebot „Du sollst nicht töten" (2 Mo 20,13).[47] Das Gebot würde sich in diesem Fall auch auf den Spender selbst beziehen, denn wer in eine Organspende einwilligt, erlaubt den Ärzten ihn frühzeitig zu töten.

---

[43] vgl. Rothenhäusler, D., Wissenschaftliche Hausarbeit, Organtransplantation: Grundlagen und die seelsorgerliche Begleitung von Betroffenen und deren Angehörigen, Gießen 2003, in: http://www.ethikinstitut.de/fileadmin/ethikinstitut/redaktionell/Texte_fuer_Unterseiten/Rothenhaeusler_Organtransplantation-Grundlagen_und_Seelsorgerliche_Begleitung_von_Betroffenen_und_deren_Angehoerigen.pdf , Letzter Zugriff am 8.11.2015, Kapitel 3.1.1

[44] Die Bibel, Lutherbibel, Altes Testament, S. 684

[45] vgl. Rothenhäusler, Organtransplantation: Grundlagen und die seelsorgerliche Begleitung, in: http://www.ethikinstitut.de/fileadmin/ethikinstitut/redaktionell/Texte_fuer_Unterseiten/Rothenhaeusler_Organtransplantation-Grundlagen_und_Seelsorgerliche_Begleitung_von_Betroffenen_und_deren_Angehoerigen.pdf , Letzter Zugriff am 8.11.2015, Kapitel 3.1.2

[46] Die Bibel, Lutherbibel, Neues Testament, S. 208

[47] Ebd. Altes Testament, S. 97

Auch gegen das Gebot „Du sollst nicht begehren [...] noch alles, was dein Nächster hat“ (2 Mo 20,17)[48] wird beim Thema Organspende verstoßen. Erkrankte Menschen bekommen nicht umgehend ein neues Organ, sondern warten darauf, dass ihnen ein Spenderorgan zugeteilt wird. Das bedeutet, dass Kranke darauf hoffen müssen, dass ein anderer Mensch stirbt, damit dessen Organe entnommen werden können. Dies ist eine sehr selbstsüchtige Denkweise, die grundlegend gegen die christliche Ethik verstößt.[49]

4.3.4. Überhebliche Konzentration auf das Diesseits

Im Allgemeinen versucht der Mensch alles ihm Mögliche, um seine Zeit auf Erden zu verlängern. Wir bezahlen viel Geld für Behandlungen, betreiben Gesundheitsvorsorge und nehmen Medikamente. Allerdings gibt es in der Bibel genügend Hinweise darauf, dass unsere Lebzeiten auf Erden von Gott selber bestimmt sind. David betete: „Meine Zeit steht in deinen Händen.“ (Psalm 31,16)[50] und in Matthäus spricht der Herr: „Denn wer sein Leben erhalten will, der wird's verlieren; wer aber sein Leben verliert um meinetwillen, der wird's finden.“ (Mt.16,25).[51] Diese Ausschnitte sprechen bereits dafür, dass Gott entscheiden soll, wann ihm der irdische Leib der Menschen zur Verfügung gestellt wird. Man soll den Tod somit akzeptieren, wenn es soweit ist. „Leben wir, so leben wir dem Herrn; sterben wir, so sterben wir dem Herrn. Darum: wir leben oder sterben, so sind wir des Herrn.“ (Röm. 14,8).[52] [53]

Wir Menschen versuchen mit Organtransplantationen in unseren natürlichen Werdegang einzugreifen und dadurch Gott Macht zu entziehen, um sie für uns selber zu beanspruchen.

Diese Überheblichkeit erinnert an den Turmbau zu Babel (1 Mo. 11). In dieser biblischen Erzählung ist von einer Stadt die Rede, die durch den Bau eines in den Himmel ragenden Turms Gott gleichwerden will. Dieser fürchtet, dass die Menschen vor nichts mehr zurückschrecken und sehr übermütig werden und sorgt deshalb für den Abbruch des Turmbaus. Er verwirrt die Sprache der Menschen, welche daraufhin Verständigungsprobleme bekommen.[54]

Durch die Fortschritte der Transplantationsmedizin können wir das Leben auf Erden immer weiter verlängern und hoffen mehr auf ein gesundes Leben im Diesseits als auf die Erlösung durch den Herrn. Die „Lust, abzuscheiden und bei Christus zu ein“ (Phil. 1,23)[55] wird damit immer mehr in den Hintergrund gedrängt. Wir wenden uns dadurch immer weiter von Gott ab

---

48 Die Bibel, Lutherbibel, Altes Testament, S. 97
49 vgl. Brust, Organspende, S.51f.
50 Die Bibel, Lutherbibel, Altes Testament, S. 617
51 Ebd., Neues Testament, S. 25
52 Die Bibel, Lutherbibel, Neues Testament, S. 200
53 vgl. Brust, Organspende, S.47f.
54 Die Bibel, Lutherbibel, Altes Testament, S.24f.
55 Die Bibel, Lutherbibel, Neues Testament, S.243

und verlieren dabei die so wertvolle Hoffnung auf Auferstehung und Erlösung durch den barmherzigen Gott.[56]

4.4. Umstrittene Aspekte christlicher Ethik - Die leibliche Auferstehung

Nach christlichem Verständnis ist der Tod nicht das Ende des Lebens, sondern der Start des ewigen Lebens, wodurch jeder Mensch gleichzeitig den Tod und das ewige Leben in sich trägt. Es handelt sich beim Tod nicht um einen Bruch zwischen der Diesseits-Existenz und der Jenseits-Existenz, sondern um eine „Verwandlung unseres jetzigen Lebens um eine wesenhafte (nicht stoffliche) Identität auch des Leibes." Zitiert wird in diesem Zusammenhang der 1. Korintherbrief, wo es heißt: „Denn dies Verwesliche muß anziehen die Unverweslichkeit, und dies Sterbliche muß anziehen die Unsterblichkeit." (1 Kor 15,53)."[57] [58]
Paulus erzeugt in seinem ersten Korintherbrief ein Bild eines Samens und einer Pflanze. Hierbei gilt der Samen als Metapher für den irdischen Leib und die Pflanze als Metapher für den Leib nach der Auferstehung. (1. Kor. 15, 36-38)[59] Dieser Vergleich zeigt sehr deutlich, dass der irdische Leib nicht mehr sonderlich viel gemeinsam hat mit dem Leib nach der Auferstehung. Die Unterschiedlichkeit der beiden Körper wird danach weiter ausgeführt und Paulus erklärt, dass der Leib nach der Auferstehung angepasst sein wird an eine Umgebung in der Gott in allem ist. (1. Kor. 15,28)[60]
Er spricht außerdem von einem natürlichen Leib während Lebzeiten auf Erden und einem geistigen Leib nach der Auferstehung. Wichtig ist hier, dass es sich bei dem geistigen Leib nicht um einen Leib ohne körperliche Substanz handelt, sondern, dass der neue Leib einen übernatürlichen Charakter besitzt.
Der erste Mensch, der einen geistigen Leib bekommen hat, war Jesus und sein Tod ist die Voraussetzung für die bestehende Auferstehungshoffnung für seine Nachfolger. Alle, die an ihn glauben, werden den gleichen Auferstehungsleib erhalten und durch den neuen Leib Anteil haben an Jesu Wesen (vgl. Röm. 8,29)[61]
Durch Paulus Argumentation wird verdeutlicht, dass kein natürlicher Leib auferstehen wird, sondern dass jeder Mensch zunächst eine Verwandlung erleben muss, um dann in ewiger Gemeinschaft mit Gott zu sein.
Allerdings hat Jesus bei der Begegnung mit Thomas nach Jesu Tod noch immer Wundmale an seinen Händen und Füßen, was die Gleichheit von irdischem und geistigem Leib beweisen

---

[56] vgl. Brust, Organspende, S.51
[57] Die Bibel, Lutherbibel, Neues Testament, S. 218f.
[58] vgl. Weber, das Leben als Geschenk, S. 16
[59] Die Bibel, Lutherbibel, Neues Testament, S. 218f.
[60] Die Bibel, Lutherbibel, Neues Testament, S. 218
[61] Ebd.,S.194

würde. Somit würde eine Zerstückelung des Leichnams große Auswirkungen auf den geistigen Leib haben und die christliche Auferstehungshoffnung dadurch stark gegen eine Organentnahme sprechen. Pastor Harald Orth spricht sich hier allerdings gegen die Gleichheit aus. Er argumentiert, dass Jesus sich zu diesem Zeitpunkt zwischen Auferstehung und Himmelfahrt befand und sich dadurch keine Rückschlüsse ziehen lassen auf den geistigen Leib, den er nach seiner Auferstehung in der unmittelbaren Gegenwart Gottes hat. Auch im Alten Testament weisen Stellen darauf hin, dass in Gottes Gegenwart keinerlei Krankheiten mehr vorhanden sein werden (Jes. 32,3,4.; 35,5,6).[62] [63]

Diese Darstellung von Leben und Tod erlaubt eine Organentnahme, da die Auferstehung nicht in direktem Zusammenhang mit der körperlichen Unversehrtheit des Leichnams steht, sondern von der Gnade und Barmherzigkeit Gottes abhängig ist. Allerdings betonen die Kirchen weiterhin die Wichtigkeit des würdevollen Umgangs mit dem Leichnam und die Besonderheit der angemessenen Bestattung als christliche Pflicht. Dafür zitieren sie die Beerdigungsliturgie: „Dein Leib war Gottes Tempel. Der Herr schenke dir ewige Freude.“ [64]

5. Nachwort

Wie in dieser Seminararbeit dargelegt wurde, ist die Frage ob Organspende aus christlicher Sicht ethisch vertretbar oder sogar geboten ist bzw. grundlegend gegen christliche Glaubensvorstellungen verstößt, nicht einfach zu beantworten.

Daher empfehle ich an dieser Stelle jedem, sich ausgiebig über das Thema Organspende zu informieren, um anschließend für sich selbst eine Entscheidung treffen zu können, die sonst ein Angehöriger im Ernstfall treffen müsste. Diese Entscheidung fällt zum einen oft emotional statt rational aus, zum anderen kennen Angehörige durch fehlende Kommunikation über dieses Thema den Willen des Hirntoten nicht und können lediglich Vermutungen anstellen. Deshalb ist es wichtig, die getroffene Entscheidung sowohl schriftlich in einem Organspende Ausweis festzulegen, als auch mit Familie und Freunden darüber zu sprechen, um für einen Ernstfall vorbereitet zu sein.

---

[62] Die Bibel, Lutherbibel, Altes Testament, S. 782, 785

[63] vgl. Rothenhäusler, Organtransplantation: Grundlagen und die seelsorgerliche Begleitung, in: http://www.ethikinstitut.de/fileadmin/ethikinstitut/redaktionell/Texte_fuer_Unterseiten/Rothenhaeusler_Organtransplantation-Grundlagen_und_Seelsorgerliche_Begleitung_von_Betroffenen_und_deren_Angehoerigen.pdf , Letzter Zugriff am 8.11.2015, Kapitel 3.3

[64] vgl. Weber, das Leben als Geschenk, S.16f.

6. Anhang

6.1. Bilder

Bild 1

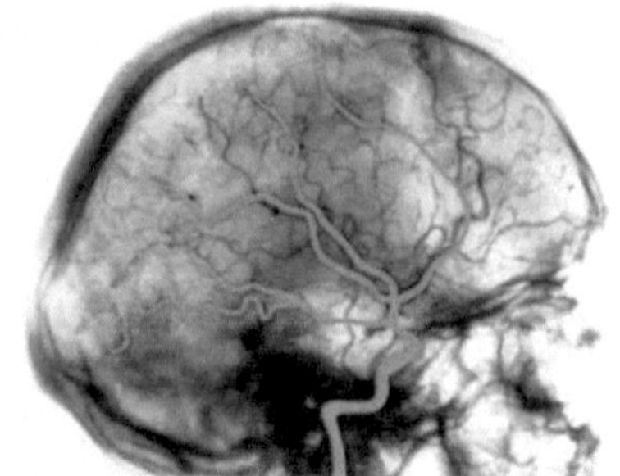

Normalbefund

Bei einem gesunden Menschen erkennt man den Verlauf und die Verästelungen der Blutgefäße im Gehirn. [65]

Bild 2

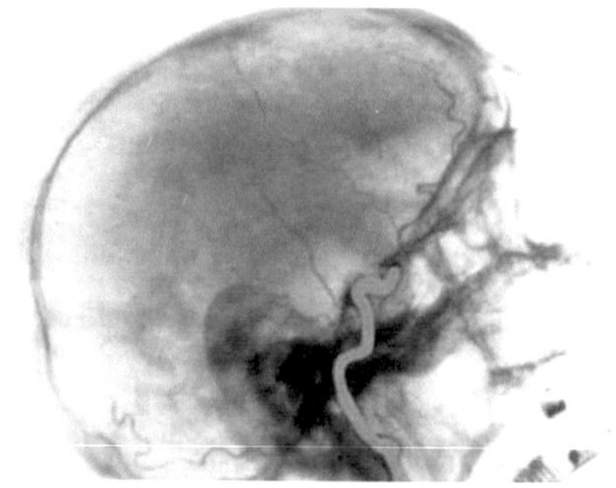

Befund bei einer hirntoten Person

Beim Hirntod zeigt sich ein völlig anderes Bild: Das Gehirn ist vollständig von der Durchblutung abgeschnitten.[66]

---

[65] vgl. Bundeszentrale für gesundheitliche Aufklärung, Organpate werden, Organ- und Gewebespende, Situation, Information und Regelung, Stand: September 2015, in: https://www.organspende-info.de/sites/all/files/files/Gesamtpräsentation%20Organ-%20und%20Gewebespende.pdf , letzter Zugriff 8.11.2015, 4. Postmortale Organ- und Gewebespende, S. 7

[66] Ebd.

7. Literaturverzeichnis

7.1. Bücher (Primärliteratur):

1. Weber, R., Das Leben als Geschenk. Die Organspende als Zeichen der Nächstenliebe? – Ethische und theologische Aspekte der Organtransplantation, Norderstedt 2007
2. Schäfer, K., Pro und Contra zur Organspende: Informationen zu einem not-wendigen Thema, Karlsruhe 2012
3. Brust, T., Organspende und –transplantation – Eine Analyse ethischer und christlicher Aspekte, Dillenburg 2013
4. Die Bibel, Lutherbibel, Antiqua-Taschenbibel, Württembergische Bibelanstalt Stuttgart, 1972
5. Anton, N., Das Gleichnis vom barmherzigen Samariter (LK 10, 25-37) als Veranschaulichung und Konkretition der Nächstenliebe, Norderstedt 2008
6. Fincke, E./ Krahe, S., Organspende – ein Akt der Nächstenliebe? Pro und Contra Transplantationsmedizin

7.2. Internetadressen:

1. Bundeszentrale für gesundheitliche Aufklärung, Organpate werden, Organpate werden, Organ- und Gewebespende, Situation, Information und Regelung, Stand: September 2015, in: https://www.organspende-info.de/sites/all/files/files/Gesamtpräsentation%20Organ-%20und%20Gewebespende.pdf , letzter Zugriff 8.11.2015
2. Bundesärztekammer, Deutsches Ärzteblatt 95, Heft 30, Richtlinien zur Feststellung des Hirntodes, Dritte Fortschreibung 1997, in: http://www.bundesaerztekammer.de/fileadmin/user_upload/downloads/Hirntodpdf.pdf , letzter Zugriff am 8.11.2015
3. Eurotransplant, Über Eurotransplant, in: https://www.eurotransplant.org/cms/index.php?page=pat_austria, letzter Zugriff am 8.11.2015
4. Potzel, D., Zeitschrift "Der Theologe", Ausgabe Nr. 17: Organtransplantation - Die verschwiegenen Leiden von Organspender und Organempfänger, Wertheim 2005, in: http://www.theologe.de/theologe17.htm, erweiterte Fassung vom 3.11.2015, letzter Zugriff am 8.11.2015
5. Hanisch, H., Schule und Diakonie – Orte sozialen Lernens, Dimensionen diakonischen Lernens, in: http://www.diakonie.de/media/DD-2000-03.pdf , letzter Zugriff am 8.11.2015
6. Rothenhäusler, D., Wissenschaftliche Hausarbeit, Organtransplantation: Grundlagen und die seelsorgerliche Begleitung von Betroffenen und deren Angehörigen, Gießen 2003, in: http://www.ethikinstitut.de/fileadmin/ethikinstitut/redaktionell/Texte_fuer_Unterseiten/Rothenhaeusler_Organtransplantation-Grundlagen_und_Seelsorgerliche_Begleitung_von_Betroffenen_und_deren_Angehoerigen.pdf , Letzter Zugriff am 8.11.2015

7.3. Sekundärliteratur:

1. TPG (Gesetzestext nach: www.dso.de)
2. Fachzeitschrift Neurology, 1998
3. Die Wurzel Nr. 3, 2012